益智游戏与动手操作
探索发现的美好时刻

U0813484

趣味探索

印第安人与骑士

创意制作——〔法〕伊丽莎白·费尔提

译——刘曦

上海科学技术文献出版社

趣味探索

印第安人与骑士

游戏 1

捉迷藏

1 轻头盔

2 柱形尖顶头盔

3 半链盔

4 桶盔

5 全盔

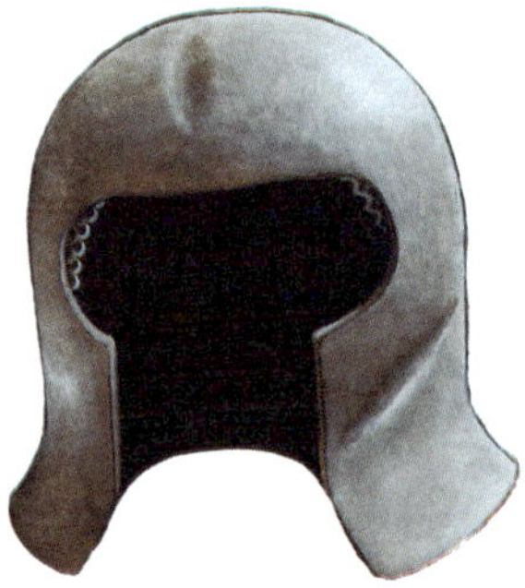

6 头盔

这六幅画中有一幅藏在黑布后面，你知道是哪一幅吗？

答 案

游戏 2

找路

你能为这位年轻的骑士找到他的战马吗？

答案

趣味涂色

游戏 3

趣味问答

你了解骑士制度吗?

1. 圆桌骑士共有几人?

□ a. 10　□ b. 12　□ c. 8

2. 中世纪时,授予一个人兵器和盔甲意味着他:

□ a. 成为骑士

□ b. 失败

□ c. 成为君主

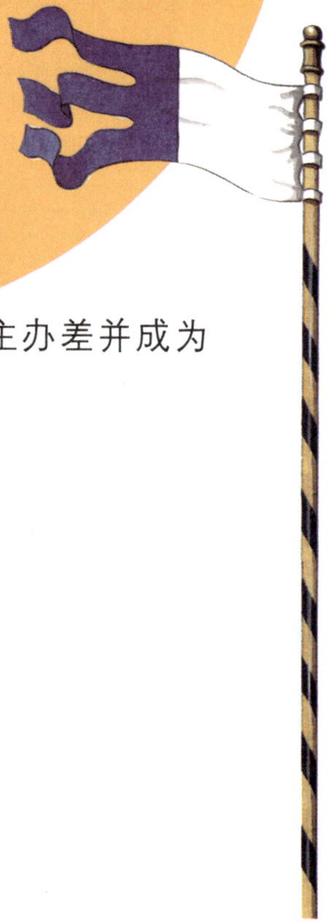

3. 男性从几岁起可以为领主办差并成为骑士?

□ a.18 岁

□ b.5 岁

□ c.10 岁

4. 骑士所带的帽子叫做:

□ a. 头盔

□ b. 锁子甲

□ c. 马具

5. 圆桌骑士兰斯洛特的情人是:

□ a. 格尼薇儿

□ b. 玛丽安娜

□ c. 仙女摩根

6. 保护骑士的衣服叫做:

□ a. 护甲

□ b. 道袍

□ c. 马裤

7. 匕首是指:

□ a. 一种短剑

□ b. 一种小包

□ c. 腰带

8. 谁是杜兰德尔圣剑的主人?

□ a. 兰斯洛特

□ b. 亚瑟王

□ c. 圣骑士罗兰

9. 游吟诗人的主要工作是:

□ a. 做饭

□ b. 唱歌

□ c. 表演杂耍

10. 骑士手套是:

□ a. 一种小手套

□ b. 保护骑士手部的甲胄

□ c. 露指手套

游戏 4

你能找到下面盔甲的剪影吗？

a 答案 ________

b 答案 ________

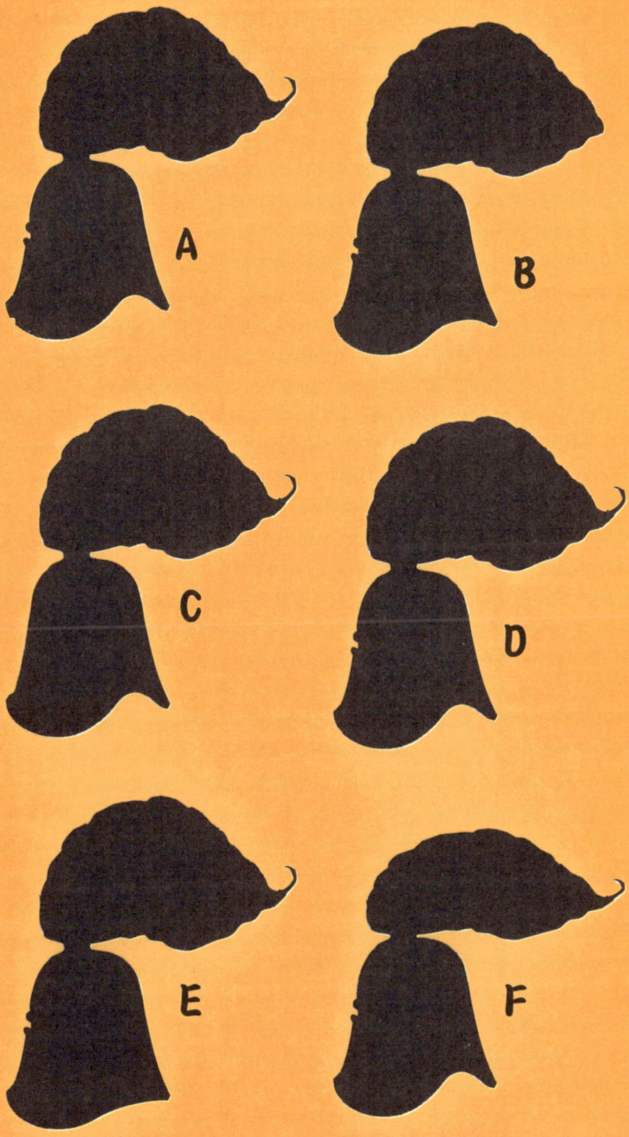

游戏 5

大家来找茬

下面图案中有十处与原图不同，你能找出来吗？

更多小常识

印第安人的一天非常充实、忙碌。

妇女需要洗衣服、处理皮革、晾干野牛肉。

男孩需要学习射箭。

为了方便搬运他们的帐篷，印第安人使用一种马拉小木橇。

阅读

尼加拉瓜大瀑布的祭品

（根据印第安塞纳卡族传说改编）

在美国和加拿大的边境大湖区有很多壮观的瀑布，每年都有很多游人前来欣赏。

当地印第安人将其称为尼加拉瓜大瀑布，在易洛魁语中意为“雷神之水”。

他们认为雷神就住在这瀑布里，而水流的轰鸣就是神发出的怒吼。为了平息他的愤怒，印第安人每年都要举行祭祀。

我们的故事发生在春分，万物复苏的季节。一位年轻而漂亮的姑娘被选中作为祭品。人们把她放在桦树皮做的独木舟上，上面装点着各种鲜花。为了使雷神满意，年轻的姑娘要用力划船冲向瀑布。要知道被选为祭品可是莫大的荣耀，传说雷神会为她打开另一个奇妙世界的大门。

今年被选中的姑娘叫勒拉瓦拉，她的父亲是鹰眼部落的酋长。

巫师将这个消息告诉了勒拉瓦拉的父亲，起初他非常骄傲，可到了晚上，他感觉他的心都要碎了。妻子已经去世多年，勒拉瓦拉就是他的掌上明珠。

没有她青春洋溢的微笑和鼓舞，他该怎么活下去呢？

他怎么能眼睁睁地看着他的女儿被湍急的河流吞噬？

这个夜晚他噩梦连连。

天刚亮，一群人就涌向河边。这个仪式意味着雷神和部落间的结盟友好，所有人都想参加。

勒拉瓦拉身穿羚羊皮长裙，款款出现在河边，今天的她比以往的任何一天都要更漂亮。她的身边围绕着一些大巫师，他们正在向湍急的河流里扔烟草祭品。她骄傲地登上独木舟，船里面布满了鲜花。

勒拉瓦拉并不害怕，人们赋予她荣耀，她觉得她应当如此。她甚至还在安慰她的父亲，想抚平这位昔日勇士内心的悲伤。

她高兴地对他说：“只要我成为祭品，雷神就会保佑部落一年平安无忧。除了我之外，您作为我的父亲和部落的酋长也会获得荣光。”

但对于鹰眼部落的首领来说，这些话并不能让他高兴。

这时，巫师们走上前来，在人群的喝彩声中将独木舟推向河中央。但就在勒拉瓦拉的独木舟冲向河流时，人们又看到了第二个独木舟。

是老酋长！他正奋力地将船划到河中央，想将船划到女儿的身边。两岸的人们震惊得目瞪口呆，随即又大喊起来。不一会儿，两个独木舟靠在了一起，鹰眼部落的酋长握住女儿的手。他们深深地望着对方，一起微笑着落入大瀑布的激流之中。人们说今后这对父女将在另一个世界庇护着部落。

还有人说老酋长已经向雷神求情，雷神答应此后永不发怒。

这年过后，人们不再向尼加拉瓜大瀑布献祭。

选自麦克·皮克玛所著

《印第安阿帕切族、夏安族、易洛魁族童话》

游戏 6

考眼力

下图中每个纹章都有一个和它同样的复制品，只除了一个。你知道是哪一个吗？

答案

游戏 7

你能找到下列图中武器的剪影吗？

1

2

2

4

5

6

答案

a ________

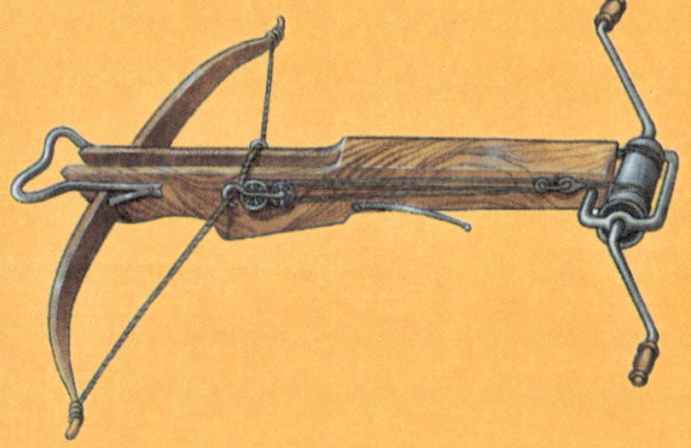

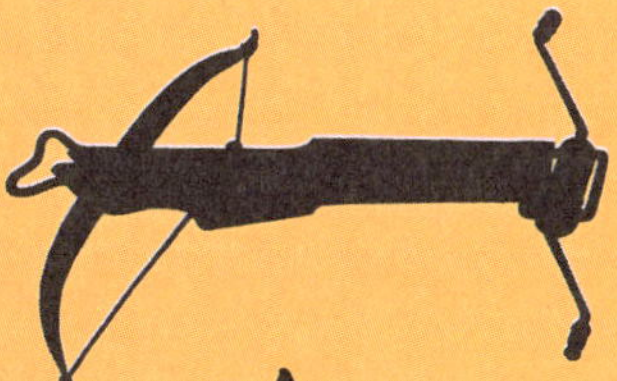
A

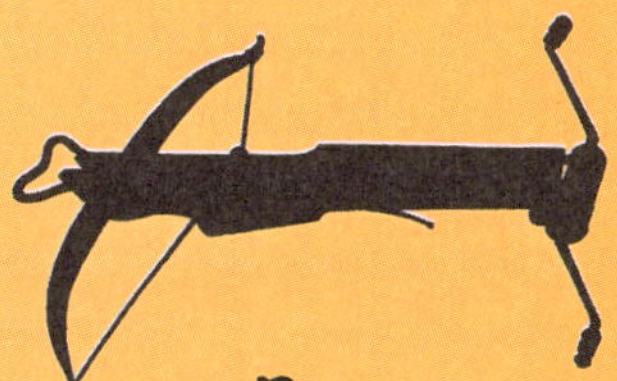
B

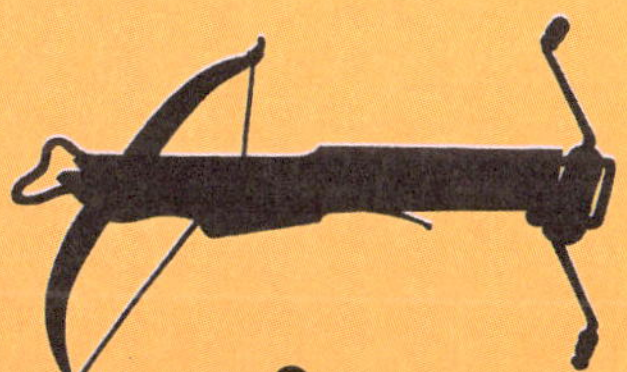
C

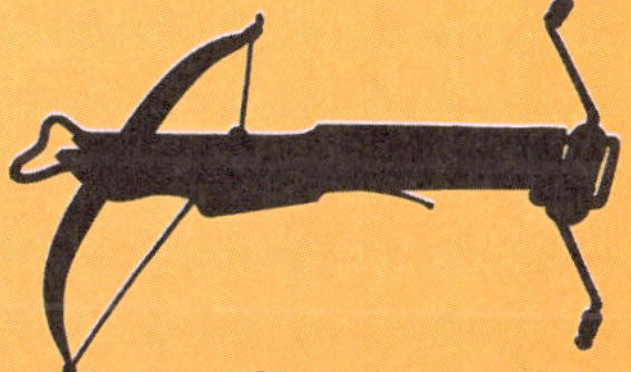
D

E

F

答案

B ________

游戏 8

你知道吗？

你知道下列房屋的名称吗？请将正确选项填到每幅图的旁边。

1. 印第安曼丹族人所住的泥土屋
2. 印第安木屋
3. 爱斯基摩人雪屋
4. 印第安派尤特族茅草屋
5. 印第安传统木屋
6. 印第安休伦族和易洛魁族长木屋
7. 印第安育空河族棚屋
8. 印第安霍皮族土屋
9. 生活在平原的印第安人的圆形帐篷

A ____________

B ____________

C ____________

D

E

F

G

H

I

游戏 9

找路

你能帮兰斯洛特骑士找到他的宝剑吗？

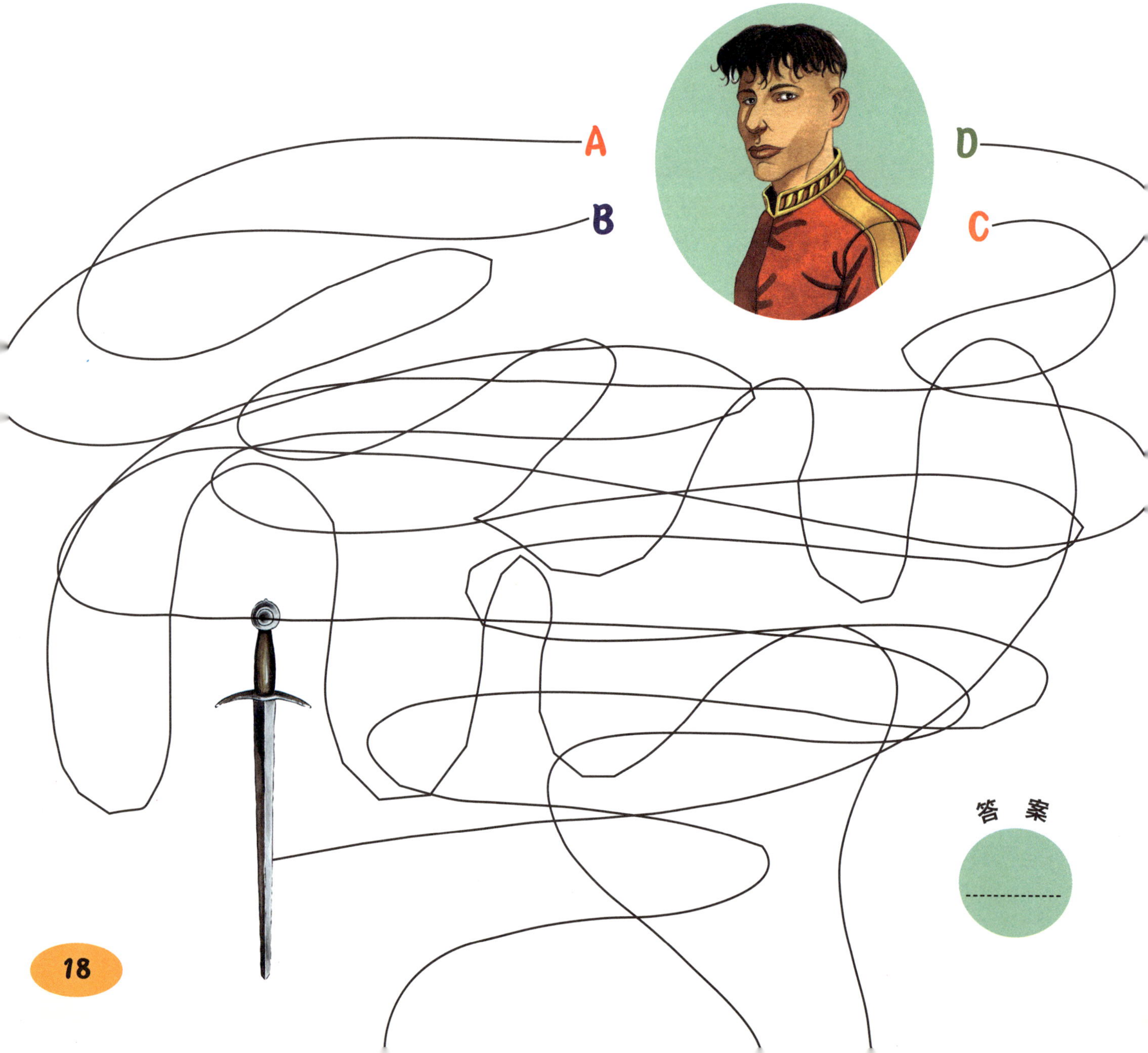

答案

游戏 10

你知道吗？

骑士的盔甲保护他免遭攻击。

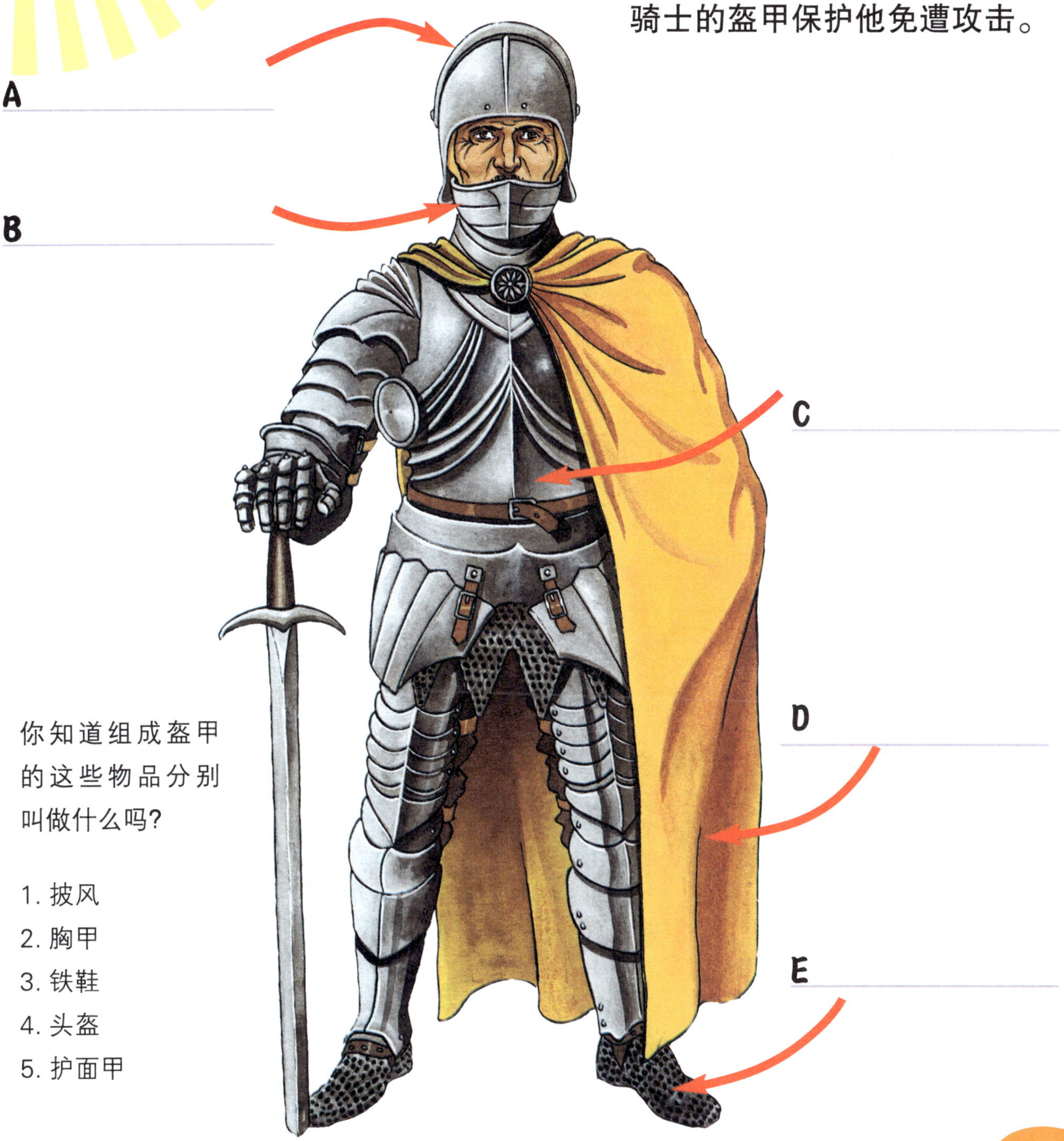

你知道组成盔甲的这些物品分别叫做什么吗？

1. 披风
2. 胸甲
3. 铁鞋
4. 头盔
5. 护面甲

游戏 11

大家来找茬

下面图案中有十处与原图不同，你能找出来吗？

更多小常识

这幅图案表现的是中世纪欧洲的战争场面。身着绿色战衣的士兵正在挥舞弓弩、长矛和宝剑护卫城墙。

身着红色战衣的士兵试图通过云梯（用于攀越城墙、攻城的木质工具）和战车（外面覆盖一层潮湿的动物皮毛，使将士免遭火攻）攻下城门。

游戏 12

你知道吗？

手　语

曾经，在北美有很多印第安部落，每个部落都有自己独特的语言。为了方便部落间的沟通，他们发明了一种手语。

猜猜这些手势分别表示什么意思。

1. 帐篷
2. 野牛
3. 酋长
4. 朋友
5. 马匹
6. 战争
7. 和平

A ______________________

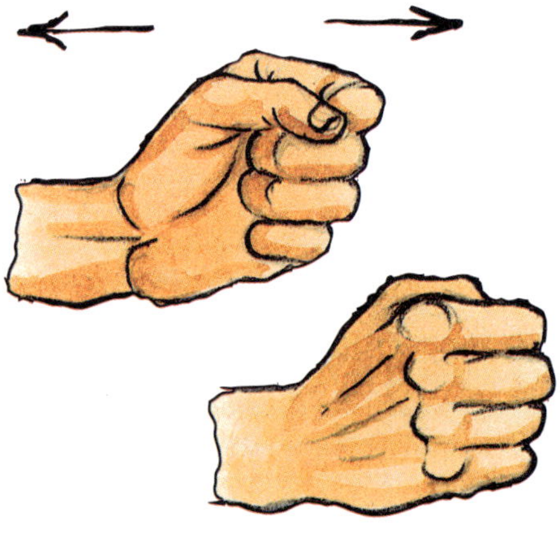

B ______________________

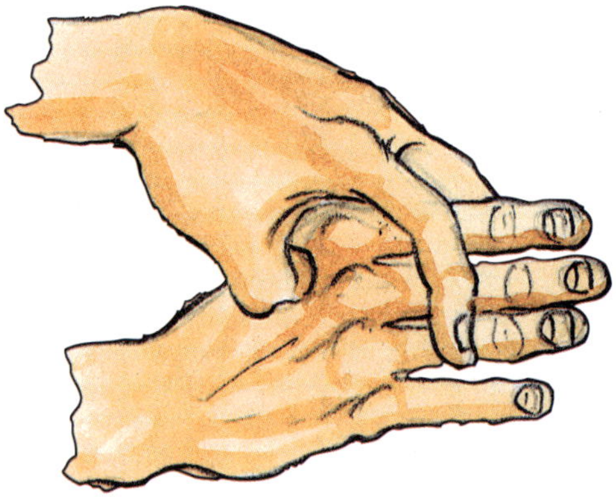

C ______________________

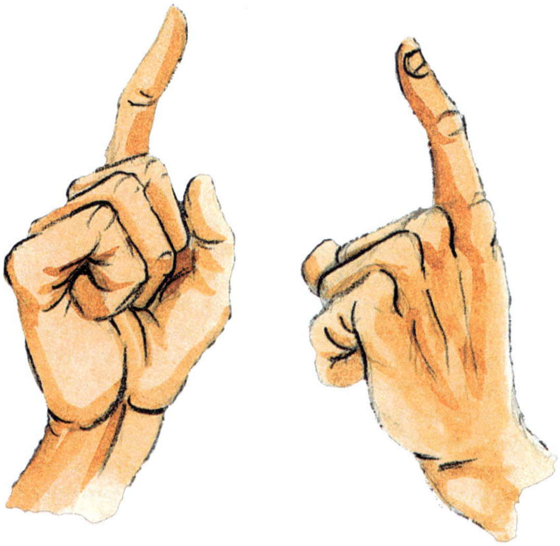

D

E

F

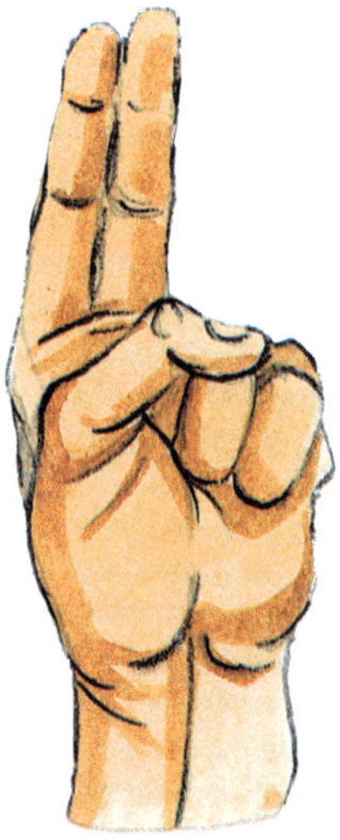

G

动手画

联想一下印第安人交流的场景并将它画在下面。

阅读

无懈可击的无畏骑士巴亚尔

（15世纪末—16世纪初）

百年战争（1337—1453）已渐渐被人遗忘，法国国王渴望拥有新的文治武功。他们渴求获得荣耀，更希望王国能日益强盛。

1483 年，查理八世登基伊始，便对意大利南部那不勒斯王国垂涎不已。以他的一位先祖曾统治过那里为借口，查理八世决定下令进攻那不勒斯。

随国王一起出征的还有一位叫做皮埃尔 · 特利尔的年轻骑士，他是巴亚尔地区的领主。此时，他虽然年纪尚轻，不过依然请缨出战。特利尔 1475 年生于一个贵族家庭，在他童年时就已对先祖立下的赫赫战功耳濡目染。他希望有朝一日能够像他们一样战斗，甚至要青出于蓝！十岁时，他就已担任萨瓦公爵的侍卫，刻苦学习击剑、长矛，不久之后还参加了比赛，赛场上他出色的表现赢得了所有人的注目。

19 岁时，特利尔随法王出征意大利。

一路上，军队雄姿英发：仪仗兵敲着军鼓，吹着短笛；弓弩手、弓箭手和旗手身着皇家军服；国王高傲地骑在马上，手中握着长矛，身边环绕着衷心的骑士。阳光下，他们的铠甲泛着银光，战马的前蹄不耐烦地踢着，似乎已准备好战斗。查理八世的御驾亲征开始时好像一次出游：一些意大利城市没

有反抗便选择投降；另外一些城市也仅仅抵抗了一阵子。一时间捷报频传，法王、贵族和士兵也很快发现意大利的美妙之处：富饶的城市、华丽的宫殿、优雅的教堂、文物、雕像、花园、遗迹……一些人对此赞叹不已，另一些人心中却只有一个念头，那就是掠夺、焚烧、毁灭。面对如此凶残的法国人，意大利人同仇敌忾，决定将他们驱逐出境。随后，法军兵败那不勒斯，法王不得不仓皇逃回法国。

1496 年，法军在归途中遭受军队追击，在福尔诺沃战役中受到重创，尽管如此，特利尔凭借他出色无畏的表现还是被法王封为骑士，要知道，能被国王亲自授予骑士是至高无上的荣誉。

年仅 21 岁的巴亚尔跪在尘土飞扬的战场上，恭敬地低下头；这时法王按照传统抽出宝剑，轻轻将它举起，然后用剑身碰了三次巴亚尔的胳膊。

“巴亚尔，朕封你为骑士。”国王说道。

两年后，国王在过城堡的门槛时不慎摔倒，撞伤额头，不久之后就去世了。

他的堂兄路易十二不仅继承了他的王国，更继承了他全面征服那不勒斯的计划，而且路易十二更加野心勃勃，他还要占领他祖母曾经统治过的米兰公国。几个月之后，法军卷土重来。一切又是同样的画面——雄姿英发的军队；敲着军鼓、吹着短笛的仪仗兵；身着皇家军服的弓弩手、弓箭手和旗手；国王也依旧高傲地骑在马上，手中握着长矛，身边环绕着衷心的骑士。阳光下，他们的铠甲泛着银光，战马的前蹄不耐烦地踢蹬，似乎已准备好战斗。

巴亚尔骑士当然也在其中，他总是出现在最危险的战斗中。

然而，在起初打了几个漂亮的胜仗后，法军遭遇诸多困难和败仗。路易十二决定火速班师回国。1504 年的一天，法军在回程中路遇强敌，巴亚尔率领他的侍从坚守阵地，以保证大部队撤退。虽然形势危急，可他却毫无畏惧，一点也没想到危险，而且他也没有时间来考虑这些。

他埋伏在一条名叫加里利亚诺的小河旁，观察着周围的蛛丝马迹，不放过任何一道微小的声音……没有人。他放心地穿过桥，就在这时，他突然发现 200 名敌军正骑马奔来，目标直指渡河。

“快，快去找援军！”他对侍从命道，“如果我军遭到突袭，那必败无疑。我在这里拖延一

阵时间，但一定要快去快回！”

巴亚尔抽出宝剑，挥舞长矛，骑马穿过小河来到敌军面前。他就这样孤身一人！巴亚尔骑士既不高大也不强壮，但他毫无畏惧。为了阻止敌军过河，他策马持枪独守桥头。

“他简直就是妖怪！”那些受伤落入河中或倒在桥上的敌人喊道。

但敌军拥有200名士兵，而巴亚尔只有一人，情况很快陷入危机之中。幸好，法军及时赶来并歼灭了敌人。战争后，他们都对巴亚尔一人勇战敌军惊奇不已，决定称他为“无懈可击的无畏骑士巴亚尔”。

“你配得上这个称号，”法王说，“因为你英勇无畏而且光明磊落。”

就这样，遭到重创的路易十二的军队班师回国，暂时忘了他们称霸意大利的梦想。

转眼间几年过去了，这些年间，巴亚尔或是无所事事呆在让他厌烦的宫廷，或是进行漫长的朝圣，或是在允许的情况下帮助法王的其他国王朋友出征。无懈可击的无畏骑士获得了辉煌的战绩：1507年助奥地利马克西米连一世出征；接下来为意大利阿尔封斯王子出征；1512年又为路易十二的侄子立下赫赫战功。

几个月后，路易十二率领军队再次踏上进攻那不勒斯和米兰公国的征途。一切又是同样的画面：雄姿英发的军队；敲着军鼓、吹着短笛的仪仗兵；身着皇家军服的弓弩手、弓箭手和旗手；国王也依旧高傲地骑在马上，手中握着长矛，身边环绕着衷心的骑士。阳光下，他们的铠甲泛着银光，战马地前蹄不耐烦地踢蹬，似乎已准备好战斗。

巴亚尔骑士当然也在其中，他总是出现在最危险的战斗中。

法军攻破布雷西亚那天，当地居民们都在忐忑不安地等待他们的噩运：抢劫、掠夺、焚烧。

战争中，巴亚尔身负重伤，被士兵抬到城内的一所民居中。

一位夫人带着她的两个女儿生活在那里。当她看到以残暴著称的法国士兵时，吓得浑身发抖。他们会不会将家里洗劫一空？他们会不会杀了她和两个女儿？

“夫人，请放心，这里没人会伤害您。”巴亚尔看到了她内心的恐惧，安慰她道，“不过在这段期间您能不能照顾我疗病养伤？”

夫人比巴亚尔要柔弱得多，她只好答

应下来，她没有别的办法。她将伤者搬到家里最好的屋子，和一个仆人开始照料起巴亚尔。

在接下来的几小时中，除了这里，整个布雷西亚城都被法军洗劫一空，然后付之一炬。无懈可击的无畏骑士使这座民居远离伤害、摧残。

为了给受伤的巴亚尔解闷，夫人和她的女儿们经常来和他聊天，或者只是在他旁边做做针线活。

五个星期后，骑士伤愈了，他决定回到军中。战马和武器都在等待着他。巴亚尔和女主人话别。

"巴亚尔骑士，请收下这个装满金子的匣子。"女主人充满感激地说，"若不是您，我们可能早就没命了。"

"小姐们，请展开你们的围裙。"巴亚尔吩咐道，手中拿着匣子。

"给！"巴亚尔边说边把大部分的金子倒在她们的围裙上，"这是给你们的嫁妆，其他的我将分给士兵们。"

她们对巴亚尔愈发的千恩万谢，一个人给他一个丝绸钱袋，另一个人给他两个金手镯。

"我保证我将永远保存。"巴亚尔说道，随即拉紧缰绳，出发与军队会合。

眨眼间几年又过去了，巴亚尔在远征、战争和胜利中度过。

巴亚尔在攻占纳瓦拉时被俘，按照当时的规矩，在法军付了赎金后他获得了自由。路易十二任命他为多菲内皇家指挥官。

战争越来越少，巴亚尔骑士日益烦躁。

1515 年路易十二去世，他的堂弟弗朗索瓦即位，史称弗朗索瓦一世。他和前两任国王一样想占领那不勒斯和米兰公国。弗朗索瓦一世率领军队再次踏上进攻那不勒斯和米兰公国的征途。一切又是同样的画面：雄姿英发的军队；敲着军鼓、吹着短笛的仪仗兵；身着皇家军服的弓弩手、弓箭手和旗手；国王也依旧高傲地骑在马上，手中握着长矛，身边环绕着衷心的骑士。阳光下，他们的铠甲泛着银光，战马的前蹄不耐烦地踢蹬，似乎已准备好战斗。

巴亚尔骑士当然也在其中，他总是出现在最危险的战斗中。

战争开始时法军捷报频传。但由于长途跋涉，法军疲劳不堪，敌军则埋伏在马里涅，这些士兵都是瑞士雇佣兵。法王身先士卒，并且在大炮的威力下，终于占得一线先机。

战斗持续了整个下午，但在傍晚时，局势变得不明朗。

阅读

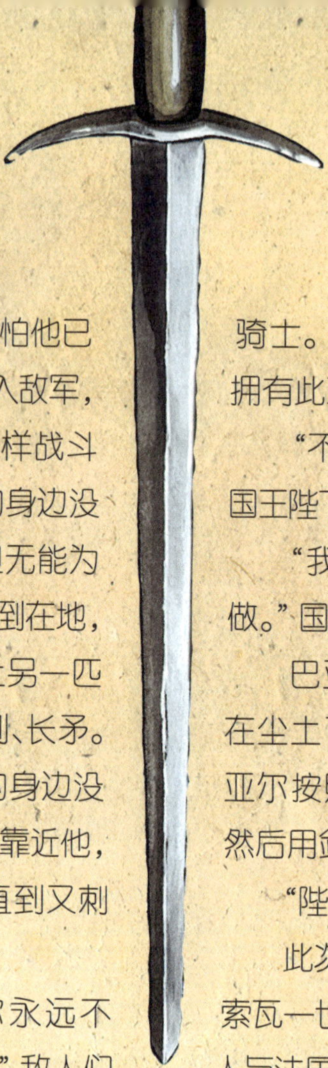

巴亚尔忘记了疲劳和年纪，哪怕他已40岁，不再年轻。他跃上战马，深入敌军，挥舞着长矛和宝剑。他像雄狮一样战斗着。敌人纷纷倒在他的剑下，他的身边没有一个人。瑞士人试图靠近他，但无能为力。直到敌人刺死了他的马，他摔倒在地，敌人才能靠近他。他站起身，跃上另一匹没有人骑的战马，四处挥舞着宝剑、长矛。敌人再次纷纷倒在他的剑下，他的身边没有一个人。瑞士人仍然试图靠近他，但依然无能为力，直到又刺死了他的马。

“巴亚尔永远不会后退的！”敌人们绝望了。

然而，他的战马力竭战死，巴亚尔被敌人包围起来。趁着光线昏暗，他匍匐前进，穿过受伤和战死的士兵，趁机回到他的军营。他再次跃上战马，拔出宝剑……

第二天夜里，战场上布满战死的士兵：瑞士伤亡一万五千名，法国伤亡六千名。弗朗索瓦一世最终取得胜利。

“巴亚尔骑士，我的朋友，”年仅20岁的弗朗索瓦一世说道，“我想由您来授予我骑士。您战功卓著，是所有骑士中最配拥有此项殊荣的人。”

“不，不，我微不足道，怎么能为尊贵的国王陛下举行仪式？”巴亚尔犹豫着。

“我的朋友，快些，快按照我的吩咐做。”国王依旧坚持。

巴亚尔答应下来。弗朗索瓦一世跪在尘土飞扬的战场上，恭敬地低下头；巴亚尔按照传统抽出宝剑，轻轻将它举起，然后用剑身碰了三次他的胳膊。

“陛下，我授予您骑士。”巴亚尔说道。

此次大捷震惊了整个欧洲，也使得弗朗索瓦一世的对手被迫与其签订条约。瑞士人与法国缔结了永久联盟；而拥有意大利国土的西班牙国王查理一世则在条约中声明弗朗索瓦一世拥有米兰公国，查理一世统领那不勒斯公国。以后两国永结同好，再无干戈。

但和平的诺言很快便被遗忘。此后查理一世继承了大片国土，其中包括哈普斯堡皇室统领的奥地利、勃艮第公爵名下的领土、西班牙及那不勒斯王国，还不算上美洲大片富饶的土地。而同时弗朗索瓦一世则加强对法国的统治，他征收各种新的税务，并将认为有不臣之心的贵族的财富占为己有，其中包括他的表兄查尔斯·布尔顿。他之所以这么做，一方面是为了与强大的西班牙国王相抗衡；另一方面则是为了保证他作为统治阶级的骄傲与尊严。

两虎相争必有一伤。查理一世和弗朗索瓦一世之间的战争一触即发。幸好，法王身边依然有忠诚的巴亚尔骑士，他随时都在准备于1521年就开始的危险战争中大显身手。几年过去了，他依然精于战术，且功勋卓著……

1524年4月30日，当法军在意大利的一场战争中打算撤退时，巴亚尔决定留在后方，保护大军安全撤退。他的这一决定非常冒险，可这又有什么关系，骑士永远不会考虑到危险。他没有时间。在法王将查尔斯·布尔顿的财产没收后，这位法王的堂兄就下定决心为西班牙而战。现在他就在巴亚尔的对面，我们无懈可击的无畏骑士依然毫无畏惧。他挥舞着他的宝剑，敌人纷纷倒在他的剑下。

“他简直就是妖怪！”那些受伤的敌兵喊道。

忽然，巴亚尔的战马被火枪所伤，骑士从马上跌了下来，并且摔伤了肾脏！意识到巴亚尔重伤后，士兵们将英勇的骑士轻轻搀起，并将他安顿在一棵大树下。

巴亚尔已感受到死神的脚步，他把脸转向他的敌人：

“我……永远……不会……背对着……他们，”他轻声说道，“即使……死了……也不愿……背对着……他们……”

这时，他曾经的朋友，现在敌军的首领查尔斯·布尔顿发现了他，并为他的命运唏嘘不已。

“先生，请不要为我忧伤，因为我死得其所，”他的声音愈发微弱，“倒是你，我真的很可怜你，因为你……背叛了国王……背叛了祖国……”

查尔斯·布尔顿眼中满是泪水，他低着头回到了军营。

不久之后，无懈可击的无畏骑士永远地闭上了双眼。

根据法王的圣谕，皇家护卫军将他的遗体护送回巴黎，这些士兵都悲痛欲绝。

“哭泣吧，国家，哭泣吧，人民！无懈可击的无畏骑士已经死去。传颂的唯有他英勇的人生，铭记的唯有国王的子民。”整个国家都陷入悲哀之中。

选自薇薇安·凯尼格所著

《历史上的伟大英雄》

游戏 13

你知道吗？

我生于公元470年，是英格兰一国之君，我的一生充满传奇。我的父母是尤瑟·潘德拉贡和茵格英公爵夫人。我由梅林大巫师抚养成人。我是能抽出石中剑的唯一一人。

我身边聚集众多忠心耿耿的骑士，“圆桌骑士”的称谓更使他们美名远扬。540年，在一场战争中我永远地闭上了双眼。

1 ________

我是一名魔法师，我是基督徒与魔鬼的儿子，但我心性善良。我拥有巨大的能量，正是我让亚瑟王拥有了忠诚勇敢的圆桌骑士。

我深爱着湖水女神薇薇安娜，我教给她魔法的奥秘，后来她用所学的魔法与我抗争，将我关到地下，使我永生不能再使用魔法。

2 ________

我是湖水女神赋予亚瑟王的圣剑。正是因为拥有我，亚瑟王才能所向披靡，然而在卡姆兰战役中他与世长辞。

在他临去世前，从湖中伸出一只手接住了我并挥舞了几下，它在向亚瑟王致意告别，此后，我又被带到了仙女、魔法和巫师的国度。

3 ________

趣味画图

中世纪时有很多种十字图案，它们是僧侣和骑士们的标志。

试着在小方格中将下列十字图形画出来吧。

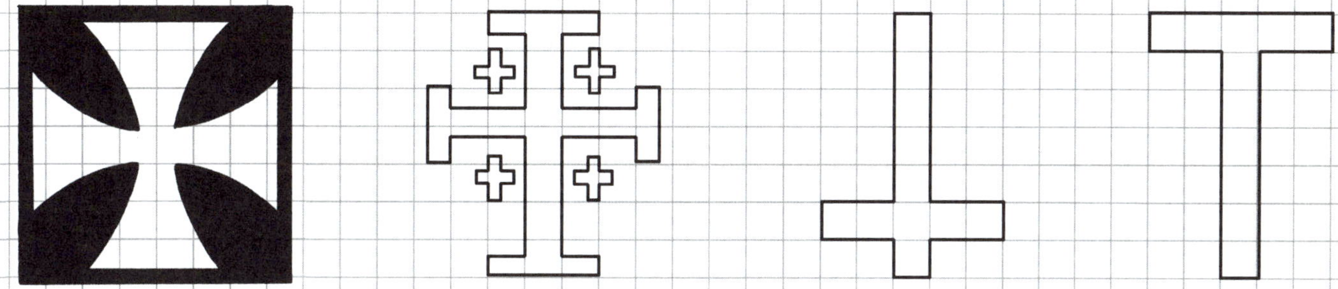

游戏 14

拼拼看

A

下面这些碎片是左侧城市图案的一部分，你能把它们放到合适的位置吗？

更多小常识

为了避免敌人袭击，城市周围都有城墙耸立，并有哨兵把守。我们将其称之为防御工事。

B

你知道该如何称呼下列人吗？

A　B　C　D　E　F

1. 游吟诗人
2. 条顿人骑士
3. 修士
4. 年轻绅士
5. 旋转人像
6. 侍从

游戏 15

找路

哪个印第安人能找到独木舟呢？

答案

游戏 16

捉迷藏

这五根羽毛中有一根藏在黑布后面，你知道是哪一根吗？

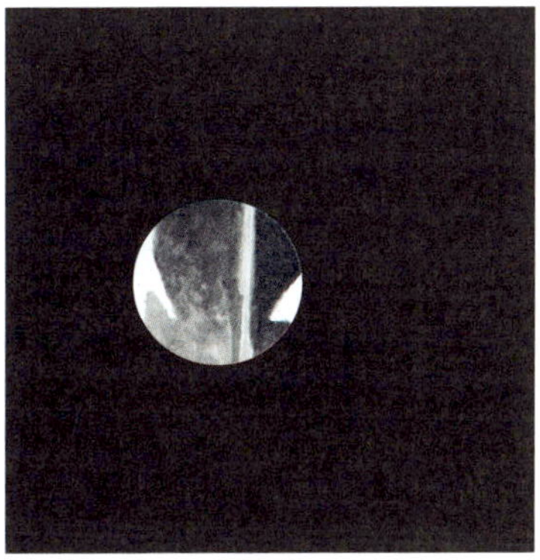

答案

游戏 17

连连看

动物经过时都会在地上留下一些足印，你知道下面这些小足印分别属于哪只动物吗？

2

1

3

4

A

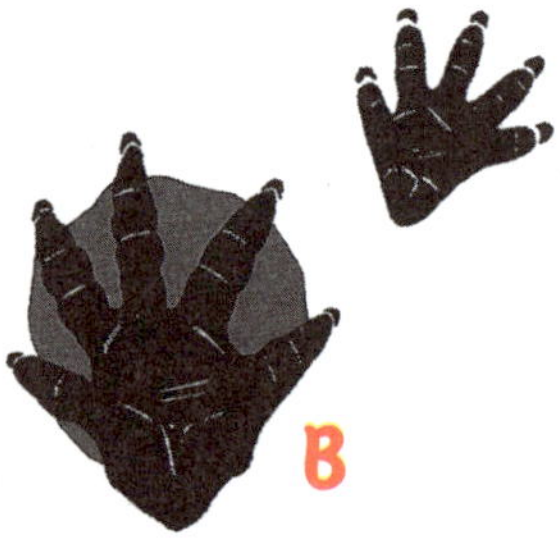
B

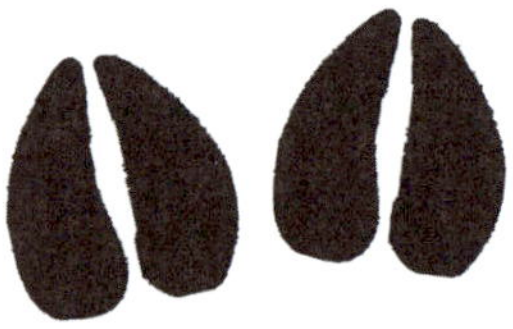
C

D

游戏 18

你能为图中的印第安人找到他们的剪影吗?

A

答案 ____________

B

答案 ____________

蚊子的由来

（根据大湖区阿尔冈昆印第安故事改编）

很久很久以前，在靠近海边的森林里住着一个妖怪，他以食人为生。

妖怪喜欢喝人的血，但最喜欢的还是吃人类的心脏。

谁要是不小心经过妖怪出没的小路，那就只有死路一条。他甚至没有时间呼救就会被妖怪一口吞入腹中。

部落里的勇士时不时就聚在一起商讨如何消灭妖怪，但没有一个人能够做到。

传说杀死妖怪的唯一办法就是刺穿他的心脏，但问题是他的心脏并不在正常的位置，没有人知道他的心脏到底长在哪里。

一天，一位勇士想再试试运气。他说："我想我知道该如何杀死妖怪。"他来到人们上次看到妖怪的地方，躺在草丛里，假装成尸体。

不久之后，地面开始晃动起来，妖怪到了。看到地上躺着的人，他大声说道：

"这些人让我的日子过得可真清闲呢，我还没对他们动手，他们就自动送上门了。"

他碰了碰勇士的身体。

"太好了！"他大声喊道，"这个人还是热的呢！我要马上开始享受我的大餐。我简直等不及把他的心给烤了！"

他把勇士扛在肩膀上，勇士耷拉着头，好像真的死了一样。

妖怪把勇士扛到家中，并把他放到茅草屋前。看到没有柴火，妖怪决定出去砍几根木柴。

妖怪刚刚出去，勇士就从地上爬了起来，并掏出挂在绳子上的砍肉刀。就在这时，妖怪的儿子回来了。

妖怪的儿子身形也很庞大，但年纪还小。勇士把刀架在他的脖子上并威胁道：

"快点告诉我，你父亲的心脏长在哪里？快点，否则我把你的脑袋给割下来！"

妖怪的儿子害怕极了，他哆哆嗦嗦地说：

"别杀我，别杀我！我爸爸的心脏就长

在左脚脚后跟里。”

勇士放开了他，小妖怪尖叫着逃跑了。

听到儿子的呼喊，妖怪迅速回到了草屋。

但他一进屋，勇士就拿刀刺向了他的脚后跟。妖怪发出可怕的叫喊，随即倒在了地上。

他死了！他确实死了！但可怕的是他还在说话：

“即使你杀了我，我也会来报仇的。我会继续喝你们的血，你的，还有其他所有人的，直到世界末日！”

“那我们就走着瞧！”勇士说道，“当我做完接下来这一切后，你就不能为所欲为了。”

他把妖怪的尸体分割为几块，并燃起大火一一焚毁。接着他把妖怪的骨灰聚在一起，走出森林，微笑地看着风将它们吹落到各地。

但很快，每一粒骨灰都变成了蚊子……而且形成一个巨大的蚊子群！

这时，勇士听到蚊子群中心发出的声音：

“我实现了我的诺言。我和你说过，我会喝你和所有人的血，直到世界末日。”

就在此时，勇士感到被蚊子叮了一个包，蚊子开始吸他的血。

其他蚊子也陆续开始，勇士挠起痒痒。

选自麦克·皮克玛所著

《印第安阿帕切族、夏安族、易洛魁族童话》

游戏 19

拼拼看

a 在壁垒森严的城堡里，你知道下列构造分别位于右图的哪个位置吗？

A 突廊 ______

B 城堡主塔 ______

C 圆锥顶哨亭 ______

D 城楼 ______

E 脚手架 ______

B 下列碎片属于城堡的一部分，你知道它们分别的位置吗？

1
2
3
4
5
6

趣味涂色

游戏20

你能在表格中找到下列单词吗？

Chevalier（骑士）

Banniere（旗帜）
表明骑士家族的颜色

Visiere（脸甲）
保证骑士能够正常呼吸和观察事物

Cheval（马）

Arcons（马鞍架）
使骑士能够安坐在马鞍上

Chanfrein（头甲）
保护马的头部

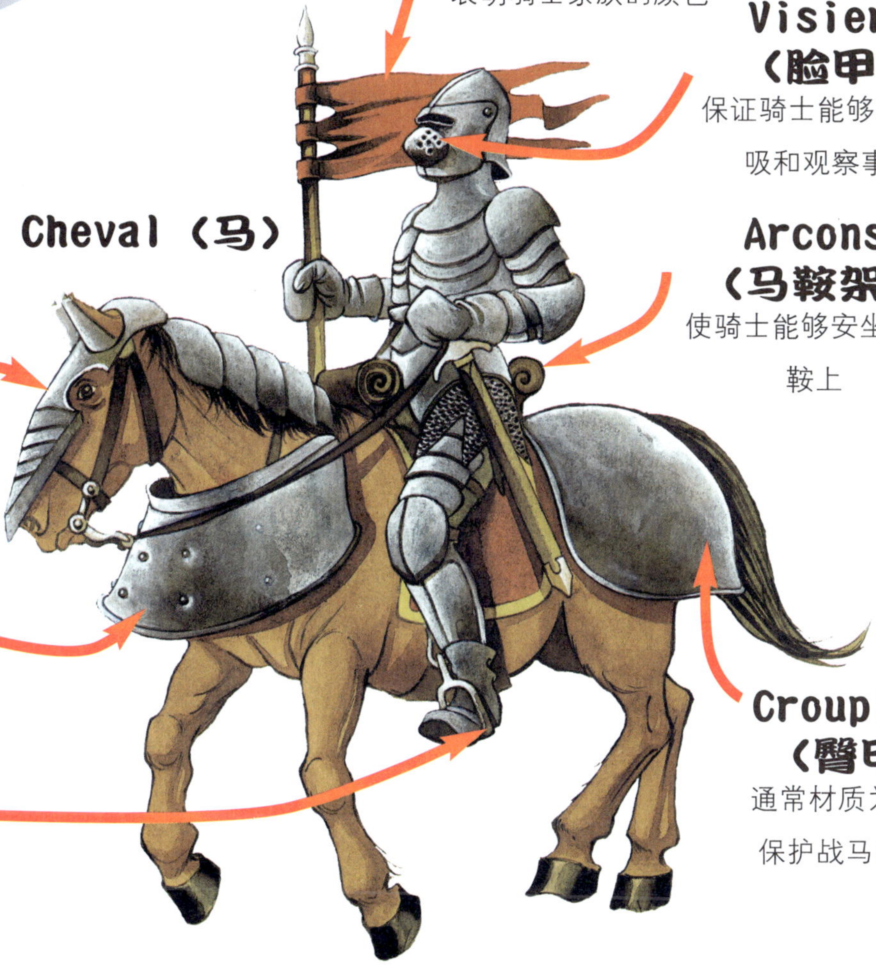

Collerette（胸甲）
保护马的前胸

Croupiere（臀甲）
通常材质为皮质，保护战马的臀部

Etrier（马镫）
帮助骑士固定双脚，使其双手更加灵活

A	C	R	O	U	P	I	E	R	E	I
V	C	O	L	L	E	R	E	T	T	E
C	H	A	N	F	R	E	I	N	R	C
E	E	T	C	A	R	C	O	N	I	E
A	V	I	S	I	E	R	E	A	E	O
B	A	N	N	I	E	R	E	V	R	N
O	L	C	H	E	V	A	L	I	E	R

游戏 21

你知道吗？

a

印第安部落没有现代意义上的文字，他们借助图画文字来相互沟通。这些小图画帮助他们了解部落内发生的大事。看看下列图形，猜猜它们分别表示什么意思吧。

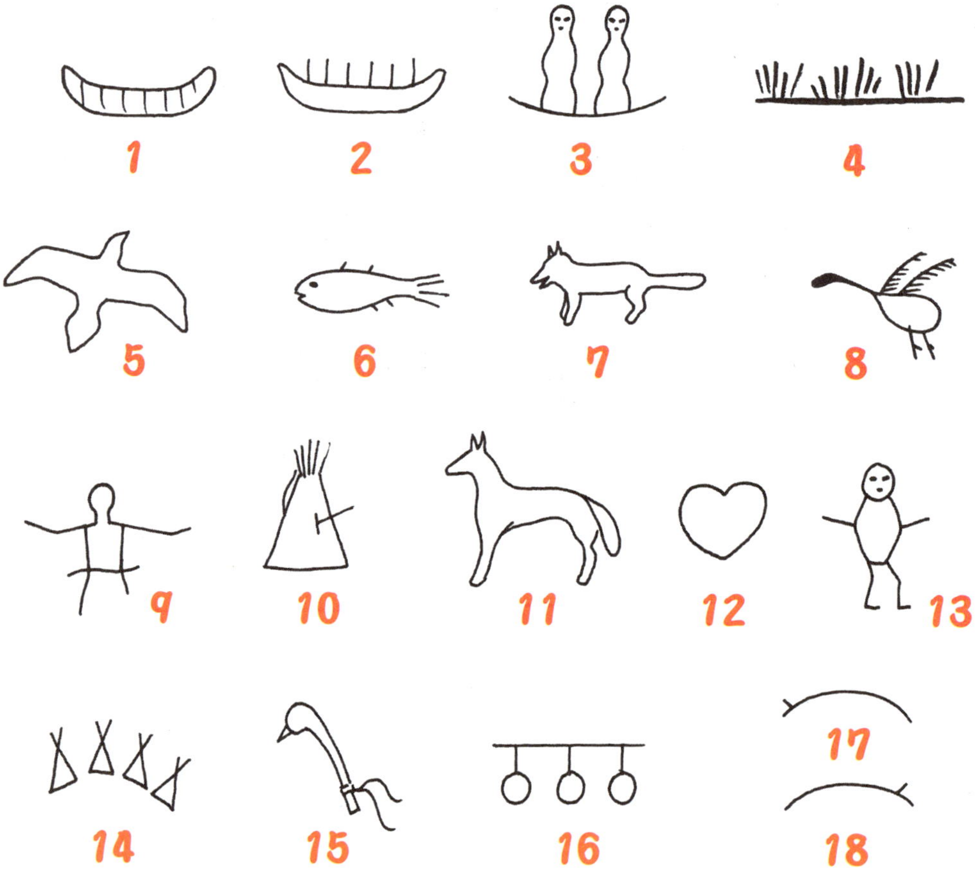

A. 狗 ______

B. 营地 ______

C. 鸭子 ______

D. 土地 ______

E. 黎明 ______

F. 鱼 ______

G. 马 ______

H. 饥饿 ______

I. 触摸 ______

J. 大乌鸦 ______

K. 心 ______

L. 战争 ______

M. 独木舟 ______

N. 三年 ______

O. 兄弟 ______

P. 黄昏 ______

Q. 独木舟和战士 ______

R. 女孩 ______

19

20

21

22

23

24

25

26

27

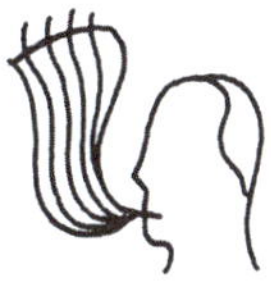

28

29

30

31

32

33

34

35

36

A. 白天 ______

B. 白野牛 ______

C. 美洲人 ______

D. 野牛 ______

E. 力量 ______

F. 死了的熊 ______

G. 仙人掌 ______

H. 弓箭 ______

I. 蛇 ______

J. 死亡 ______

K. 大声 ______

L. 夜晚 ______

M. 木橇 ______

N. 高山 ______

O. 武器 ______

P. 熊 ______

Q. 达科塔人或苏人 ______

R. 烟斗(和平的象征) ______

B 画谜

现在已经……  在…… 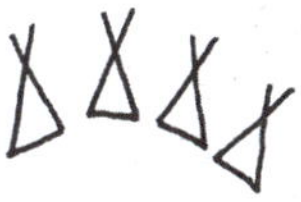 一些……   正在抽……

在……  在 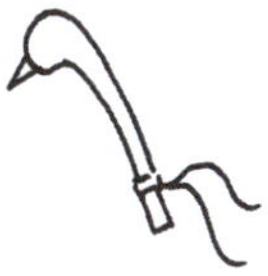 过后，一只……  飞过…… 

游戏 22

抓间谍

下面用具中有一种和印第安人的生活无关，你知道是哪种吗？

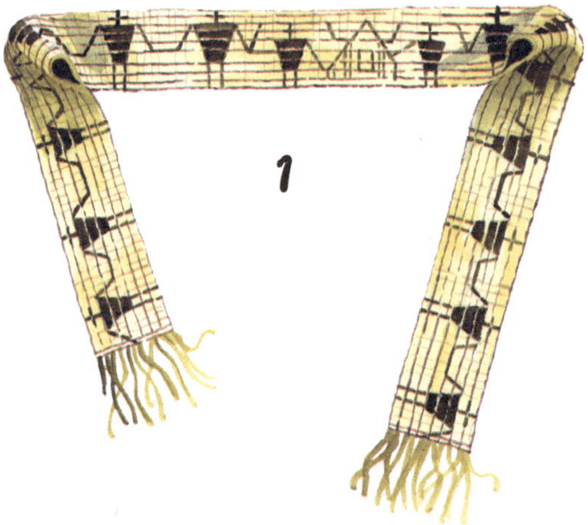

1

3

2

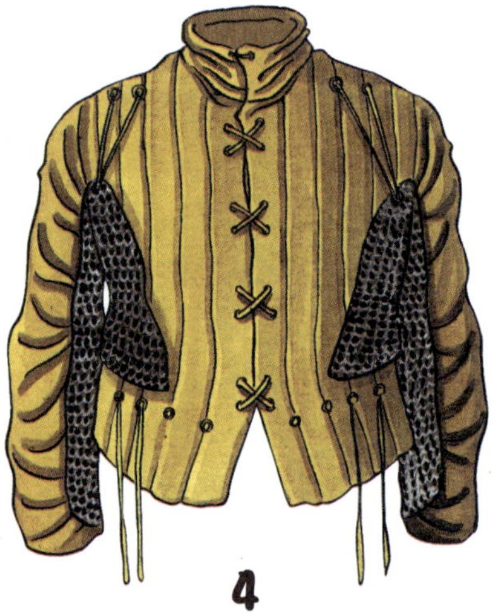

4

5

答案

游戏 23

你能为骑士找到他的剪影吗？

答案

趣味涂色

游戏 24

大家来找茬

下面两幅图案有七处不同，你能找出来吗？

游戏 25

拼拼看

这些碎片是右侧表现骑士比武壁画的一部分，你能把它们放到合适的位置吗？

1

2

3

4

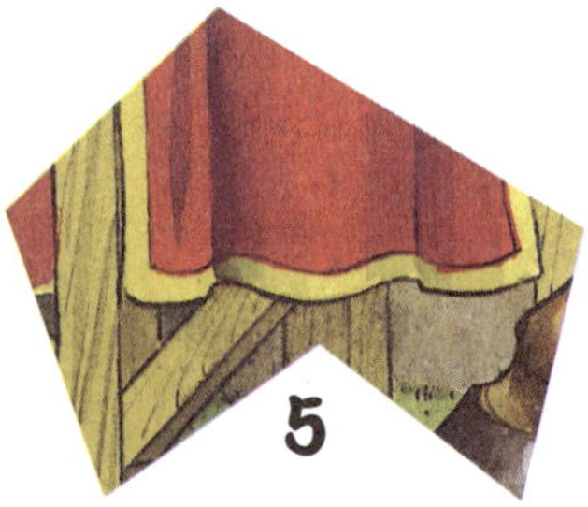
5

6

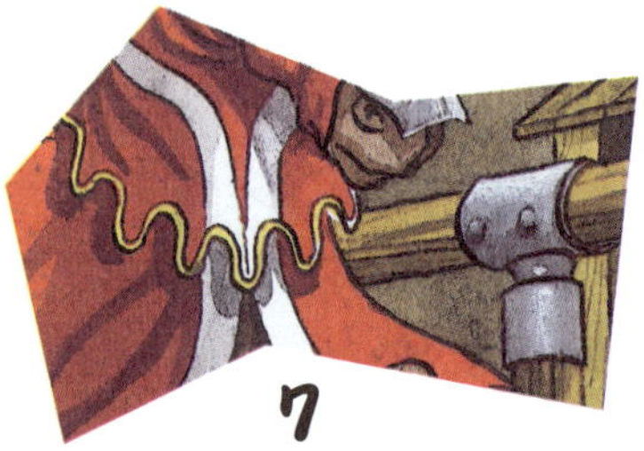
7

8

更多小常识

1. 在中世纪的骑士比武中，为了不给对手造成致命性伤害，长矛顶端会被包头套圈，以防刺入骑士的盔甲。

2. 在长矛的另一端则置有一个尖形构造，方便骑士将长矛插入地中。

3. 柱形尖顶头盔上方通常都有羽毛装饰。

4. 盾牌保护骑士免被对方长矛所伤，它的颜色和纹章通常由骑士所定。

1
2
3
4

游戏 26

你知道吗？

你能说出下列骑士专属用具的名称吗？

A. 盾牌　B. 头盔　C. 军旗　D. 圣杯　E. 纹章　F. 肩带　G. 象牙号角

游戏 27

找路

骑士走哪条路才能找到他的座椅呢?

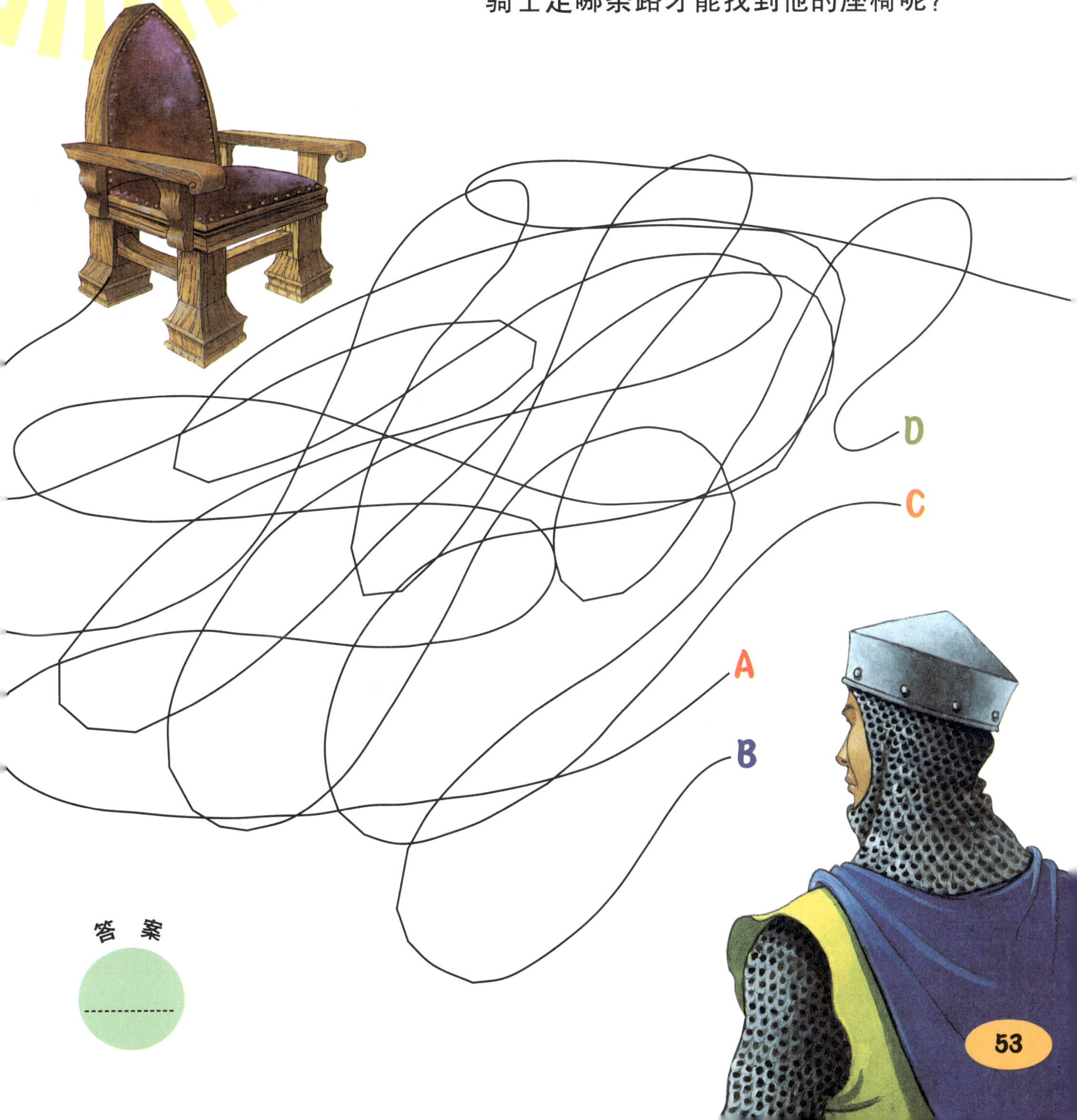

答案

鸟儿的球类比赛

（根据谢洛基印第安故事改编）

很久很久以前，天上飞的动物和地上跑的动物总是吵个没完，它们都认为只有自己的种族才是最优秀的。一天，陆地动物终于受够了长期以来的争吵，它们决定向鸟类宣战。

“我们来组织一场球类比赛吧，”陆地动物说道，“让我们来看看到底谁更强，天上飞的还是地上跑的！”

这个主意可让鸟类高兴坏了，它们认为它们赢定了。

要知道鸟类中的鹰拥有绝佳的视力，隼飞翔的速度无人能及，而喜鹊则狡猾灵活。

陆地动物们聚在一起，它们也认为一定会取得胜利。

因为黑熊庞大强壮，只要球一落入它的爪子就休想被别人抢到；鹿和鼬则是所有动物中跑得最快的两种。

动物们定下了大赛的日子，那天所有的动物都将观看或参加比赛。

陆地上，黑熊在做热身运动，而狐狸和它的伙伴在一旁窃窃私语商量对策；树林里，鸟儿们正在训练，一时间落叶缤纷。

这时喜鹊看到两个小毛球正在向它的方向走来。

“我们想和你们一伙。”小毛球说道。

喜鹊上下打量了一番，发现它们有四个爪子。

“你们为什么不和陆地动物一起，既然你们和它们是一个物种？”

“它们不要我们，”小动物唉声叹气地说，“它们说我们太小了。”

鹰和隼听到了它们的对话，它们胸怀广

阔，非常可怜这两个小东西。鹰和隼决定把小毛球收到鸟类的队伍里。但喜鹊提出了一个很严重的问题：

“这怎么能行，它们两个没有翅膀啊？”

“这不是问题，”隼说道，“我们给它们造一双翅膀就是了。”

说完它飞走了，不一会儿又飞了回来，嘴中衔着一个从印第安人帐篷里偷来的小鼓。

“用这个就能做成漂亮的翅膀了！”

它将小皮鼓切分成两个三角形，并将它们安在其中的一个小毛球身上。看！世界上第一只蝙蝠诞生了！

但是，第二只小毛球就没那么好运了，皮料所剩不多，这可怎么办呢？聪明的喜鹊建议就使用这只动物原来的毛皮。

鹰和隼分别在两端固定住这只小动物，用喙拉扯它的皮毛，就这样它们成功地造出两个毛皮翅膀，第一只飞鼠诞生了！

比赛的日子来临了，所有的陆地动物都迫不及待、摩拳擦掌。但它们远不是鸟类的对手，它们甚至都没有机会碰到球。

鸟类阵营大获全胜！

飞鼠在树和树之间飞快地滑行，嘴里叼着比赛用球。看！它把球传给了隼，隼又传给了鹰，随即喜鹊又接到了球。哎，真可惜，球掉了……就在这时，蝙蝠不知从哪儿飞了出来，它又叼起了球，在黑熊、狐狸和鹿之间穿梭飞翔，球进了！

“鸟类加油！”观众们欢呼道。

比赛结束了，鸟儿们多次命中球门，而陆地动物们一次都没有！

“我们要明白这个教训，”狐狸嘶哑地说，“当时我们就该把这两个不起眼的动物纳入队伍！”这次比赛后，每当印第安人举行球类比赛时，他们都会要求保护蝙蝠和飞鼠。

选自麦克 · 皮克玛所著

《印第安阿帕切族、夏安族、易洛魁族童话》

游戏 28

你知道吗？

中世纪时已出现多种武器，你能说出下列武器的名称吗？

A. 斧子　B. 箭　C. 弩　D. 弓　E. 矛　F. 铁板斧　G. 匕首
H. 铅锤　I. 大铁锤　J. 狼牙锤链　K. 剑　L. 长剑

1

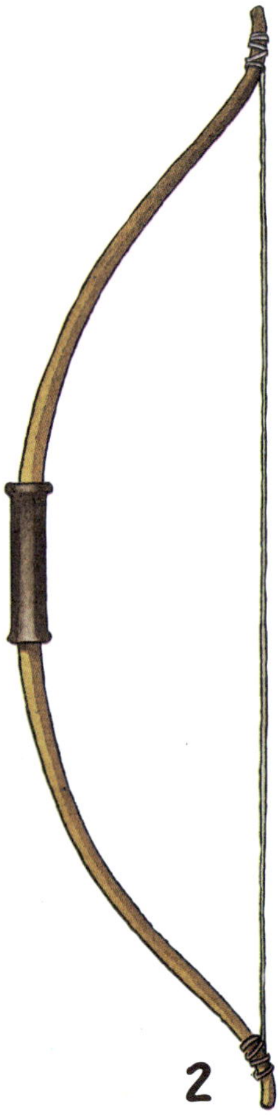
2

3

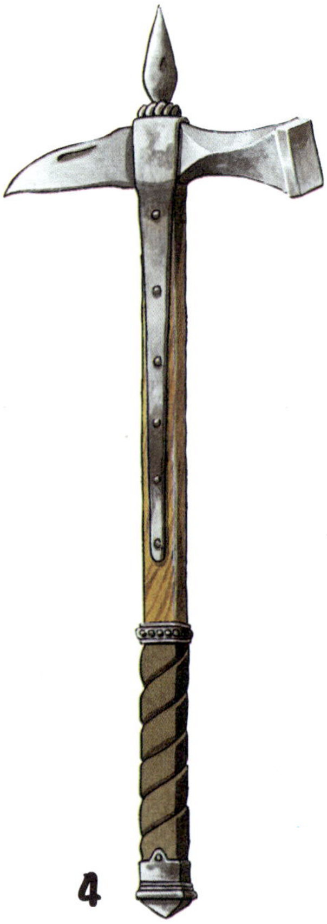
4

5

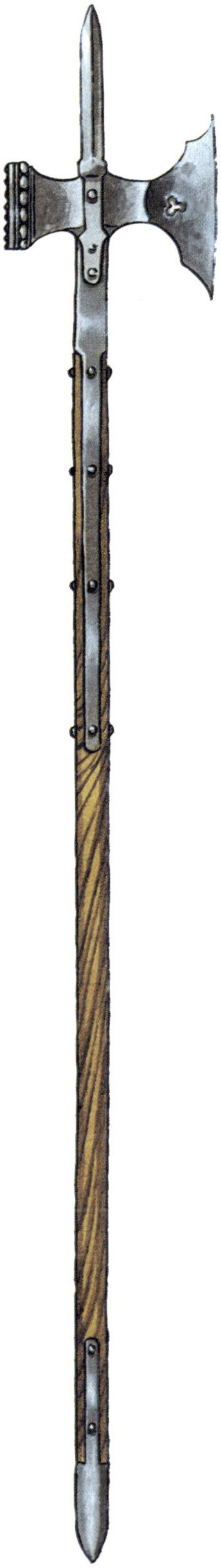

6

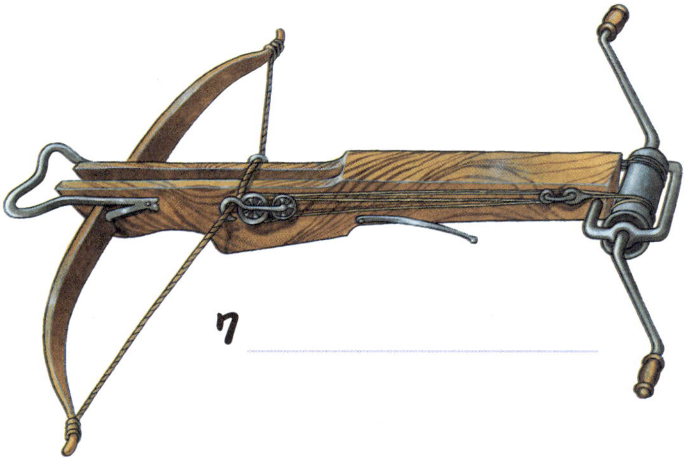

7

8

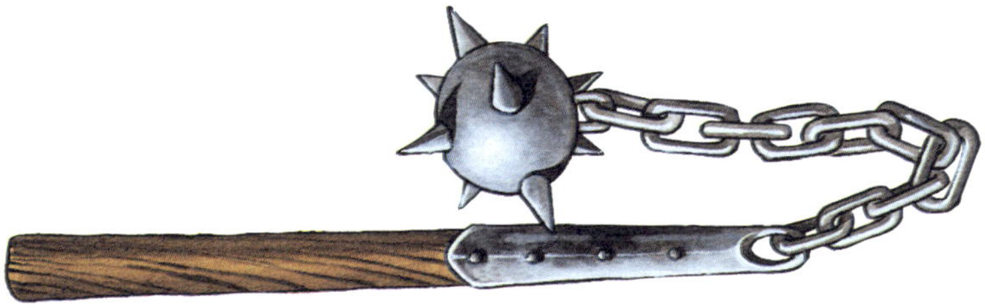

9

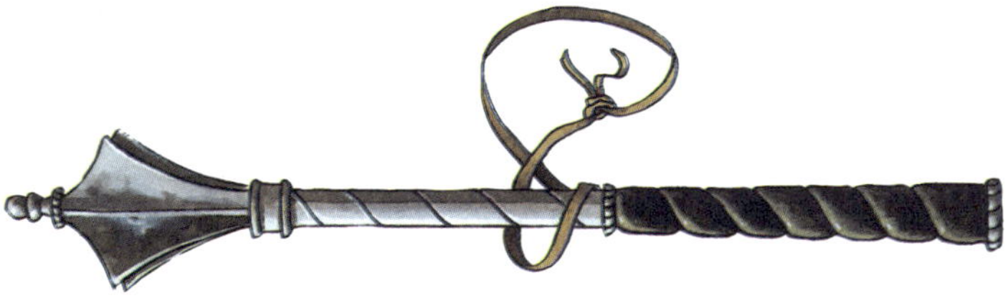

10

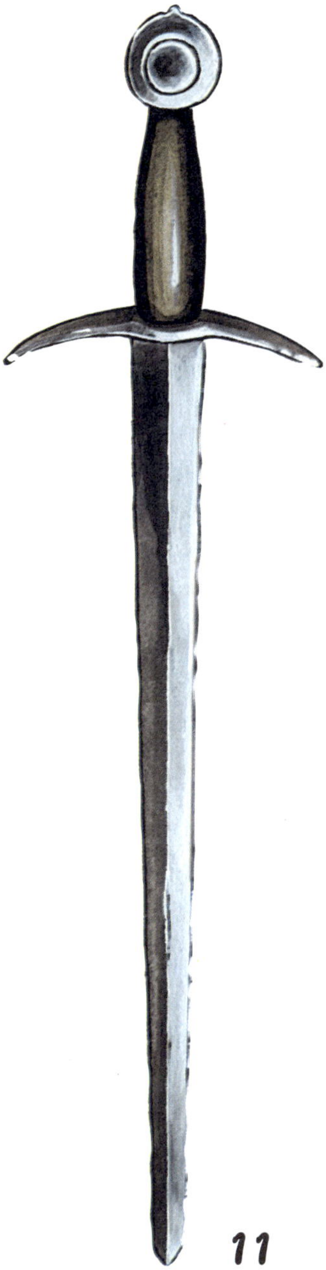

11

游戏 29

你能找到下列两种武器的剪影吗？

1

2

3

4

5

6

A

B

C

D

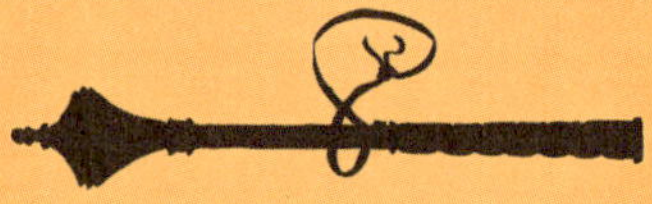

E

F

答案

a ______

答案

B ______

游戏 30

大家来找茬

下面两幅图案有七处不同，你能找出来吗？

游戏 31

考眼力

下图中每个图腾都有一个和它长得一模一样的复制品，只除了一个。你知道是哪一个吗？

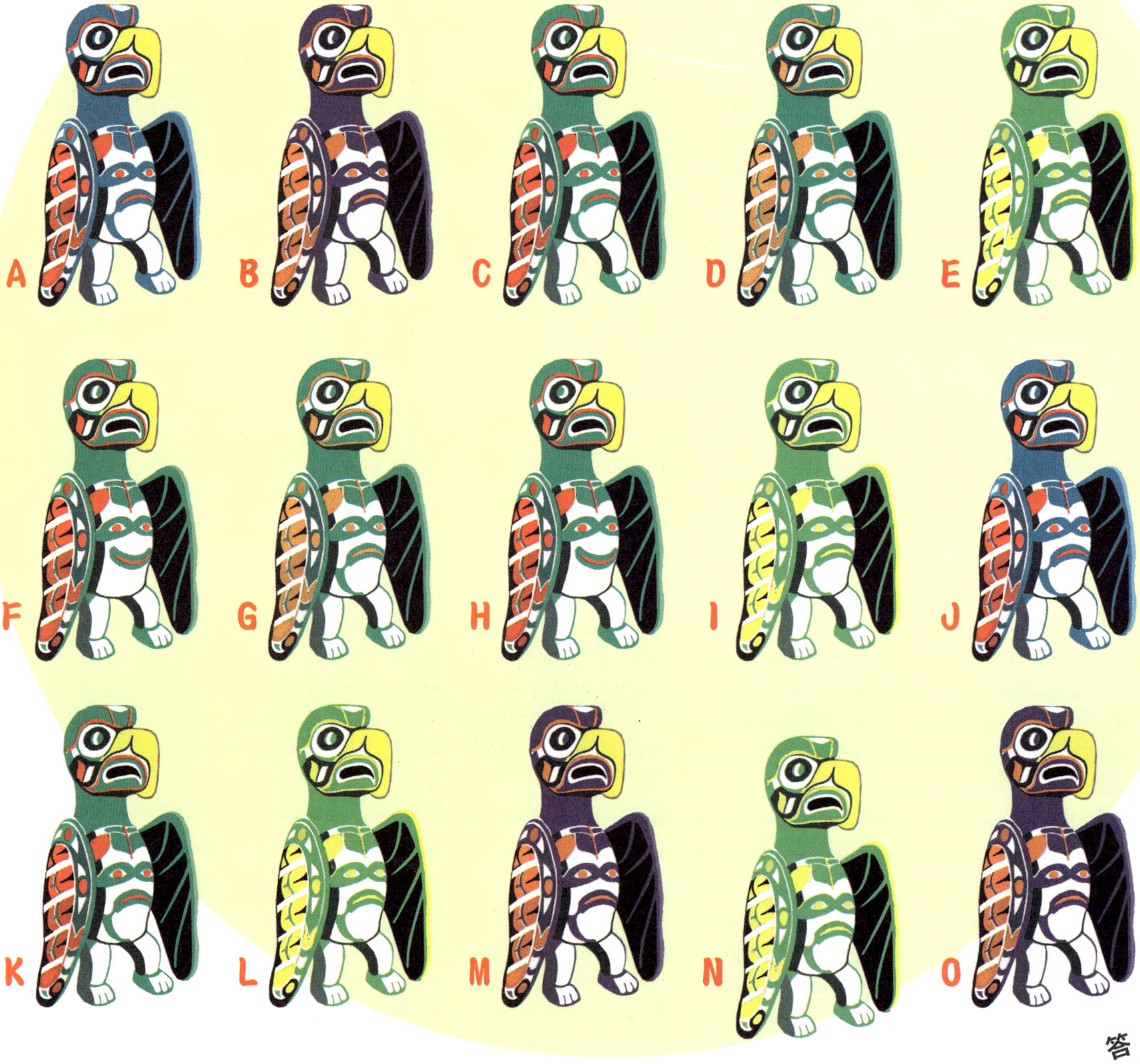

答案

游戏 32

下图中每个图腾都有一个和它长得一模一样的复制品，只除了一个。你知道是哪一个吗？

答 案

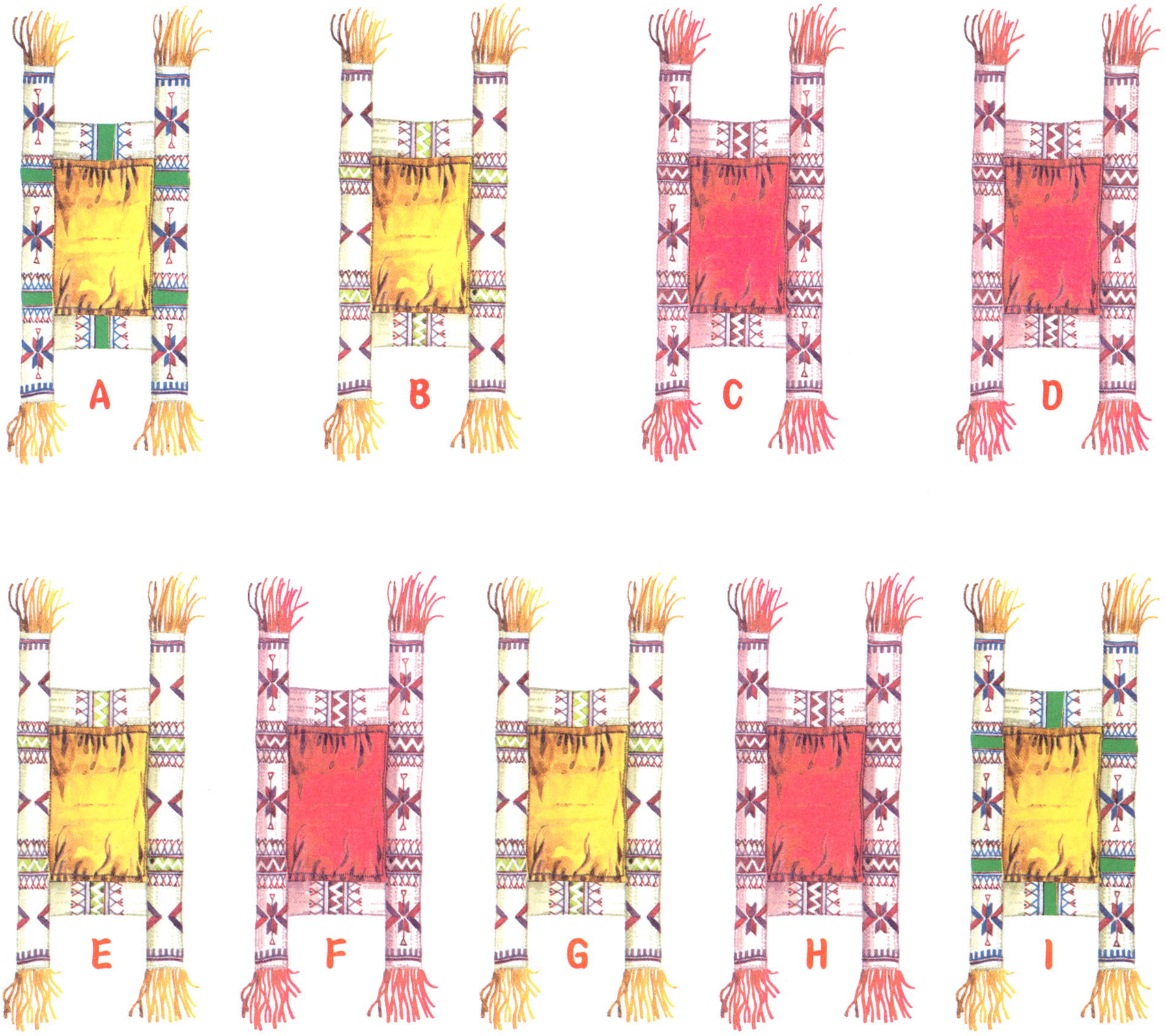

游戏 33

趣味问答

测验一下你对印第安人的了解程度吧!

1. 印第安人渡河会使用:

□ a. 独木舟

□ b. 无甲板的小船

□ c. 客轮

2. 印第安人装箭的包叫做:

□ a. 背包

□ b. 箭袋

□ c. 小包

3. 印第安巫师擅长:

□ a. 和神灵交流

□ b. 驱除野牛

□ c. 为部落里的勇士准备食物

4. 印第安人非常激动时会:

□ a. 进行祈祷

□ b. 骑马

□ c. 唱歌

5. 印第安人所说的“铁马”指的是:

□ a. 火车

□ b. 最勇敢的战马

□ c. 部落首领

6. 下列三位首领中哪一位不是阿帕切族的首领:

□ a. 坐牛

□ b. 科奇西

□ c. 杰罗尼莫

7. 印第安人把房子称为:

□ a. 雪屋

□ b. 蒙古包

□ c. 圆锥形帐篷

8. 印第安人和美国军队的斗争中唯一一次取得的胜利叫做:

□ a. 小大麦战役

□ b. 小大角战役

□ c. 小大人战役

9. powwow 在印第安语中指的是 :

□ a. 武器

□ b. 敌人

□ c. 一种宗教仪式

10. 下列有一个民族不属于印第安民族,你知道是哪一个吗?

□ a. 达科塔族

□ b. 夏安族

□ c. 克里族

游戏 34

你能在表格中找到下列单词吗？

这些粗体字藏在下面的表格中，你能找到它们吗？

Crane
（牛头）
在宗教祭祀时使用

Bosse
（头盖骨）
用于制作护盾

Peau
（牛皮）
用于制作包袋、长裙及印第安帐篷

Cornes
（牛角）
可用来制作勺子

Queue
（牛尾）

Poil
（毛皮）

Boyaux
（肠衣）
制作弓弦的绝佳材料

Bison
（野牛）

Sabots
（牛蹄）
用来做强力胶水

R	E	C	I	P	I	E	N	T	S
T	B	O	S	S	E	B	O	U	T
I	C	R	A	N	E	B	U	N	I
P	Q	N	B	I	S	O	N	I	A
I	U	E	O	P	T	Y	V	Q	F
R	E	S	T	O	M	A	C	U	R
A	U	L	S	I	O	U	X	E	A
P	E	A	U	L	I	X	A	S	P

游戏 35

大家来找茬

下列植物都是印第安人种植的蔬菜，只除了一种，你知道是哪个吗？

A

B

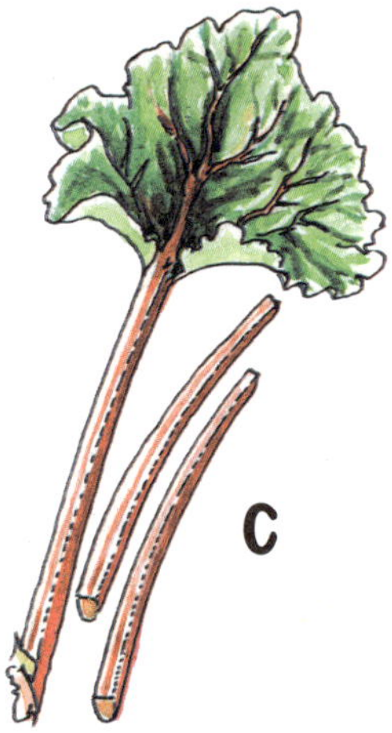

C

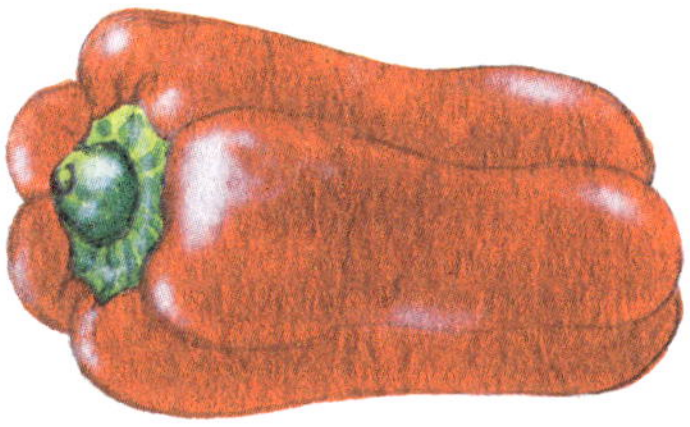

D

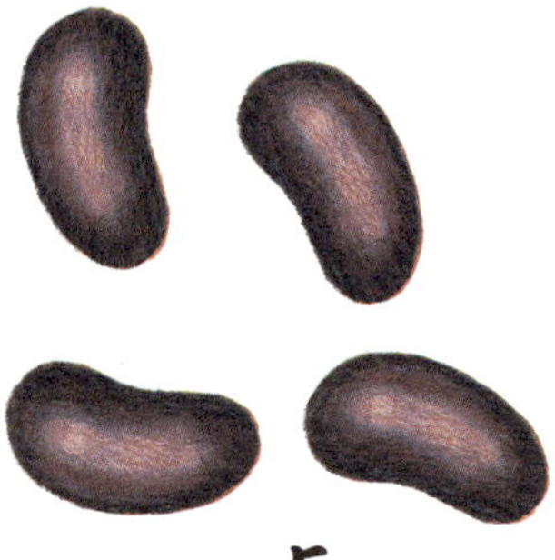

E

F

G

答案

游戏 36

找路

答案

游戏 37

拼拼看

下面这些碎片是右侧图案的一部分，你能把它们放到合适的位置吗？

1

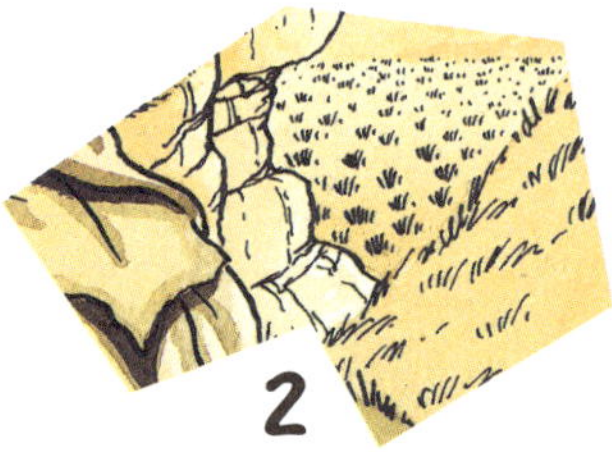

2

3

4

5

6

7

答案

答 案

游戏5 11页答案

游戏11 21页答案

游戏1（第4页）：答案1

游戏2（第5页）：答案B

游戏3（第8页）：1–b；2–a；3–c；4–a；5–a；6–a；7–a；8–c；9–b；10–b

游戏4（第9页）：游戏A：A　游戏B：D

游戏6（第14页）：答案H

游戏7（第15页）：游戏A：5　游戏B：D

游戏8（第16–17页）：A–3；B–2；C–8；D–1；E–4；F–9；G–6；H–7；I–5

游戏9（第18页）：答案A

游戏10（第19页）A–4；B–5；C–2；D–1；E–3

游戏12（第22–23页）：A–7；B–6；C–5；D–2；E–1；F–3；G–4

游戏13（第30页）：答案1–亚瑟王　答案2–梅林巫师　答案3–石中剑

游戏14（第32页）：游戏B：A–4；B–2；C–6；D–1；E–3；F–5

游戏15（第34页）：答案：2号

游戏16（第35页）：答案：1号

游戏17（第36页）：1–D；2–C；3–A；4–B

游戏14 游戏A 33页答案

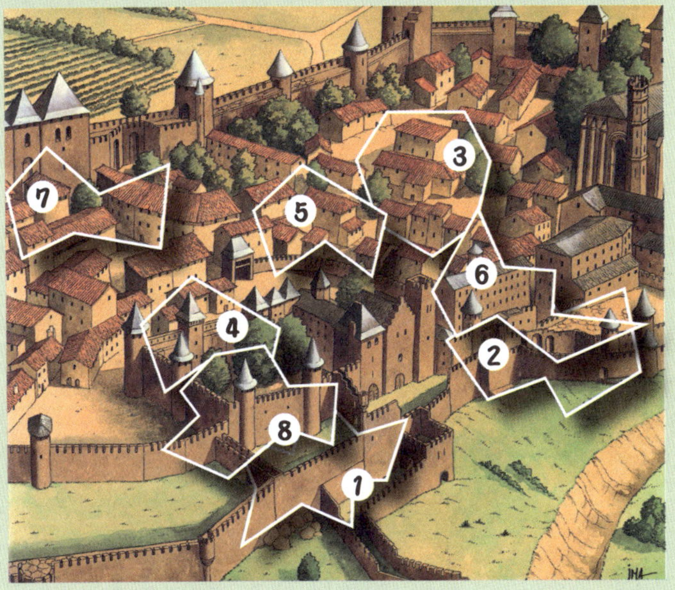

游戏20 43页答案

A	C	R	O	U	P	I	E	R	E	I
V	C	O	L	L	E	R	E	T	T	E
C	H	A	N	F	R	E	I	N	R	C
E	E	T	C	A	R	C	O	N	I	E
A	V	I	S	I	E	R	E	A	E	O
B	A	N	N	I	E	R	E	V	R	N
O	L	C	H	E	V	A	L	I	E	R

游戏24 49页答案

游戏19 游戏B 40页答案

游戏25 50页答案

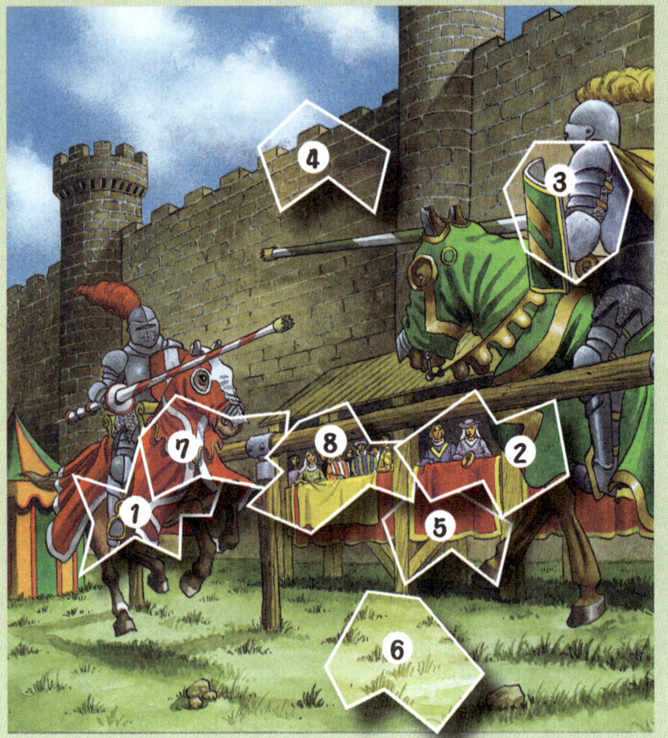

游戏30 59页答案

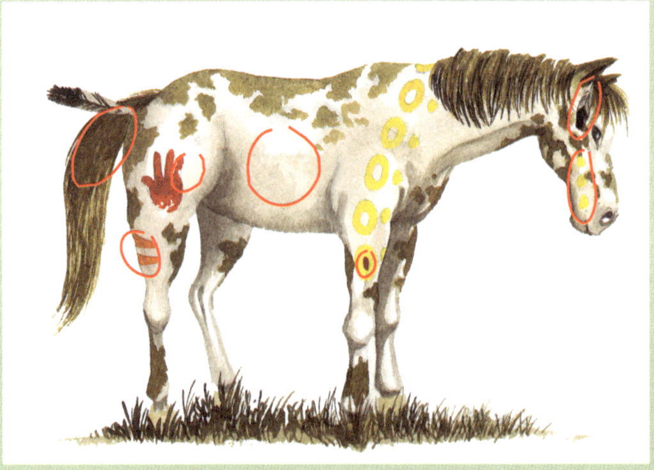

游戏18（37页）**游戏A** 答案6　**游戏B** 答案C

游戏19（40页）**游戏A：** A–6； B–5； C–4； D–1；E–3

游戏21（44页）**游戏A**答案

1. M 独木舟
2. Q 独木舟+勇士
3. O 兄弟
4. D 土地
5. J 大乌鸦
6. F 鱼
7. A 狗
8. C 鸭子
9. H 饥饿
10. I 触摸
11. G 马
12. K 心
13. R 女孩
14. B 营地
15. L 战争
16. N 三年
17. E 黎明
18. P 黄昏

游戏21（44–45页）**游戏B**答案

19. C 美洲人
20. D 野牛
21. P 熊
22. F 死了的熊
23. C 白野牛
24. H 弓箭
25. Q 达科塔人和苏人
26. A 白天
27. J 死亡
28. K 大声
29. M 木橇
30. G 仙人掌
31. N 高山
32. O 武器
33. L 夜晚
34. I 蛇
35. E 力量
36. R 烟斗(和平的象征)

游戏B（45页）答案

现在已经黄昏，在营地，一些苏族人正在抽长烟斗，在战争过后，一只大乌鸦飞过高山。

游戏34 第63页答案

R	E	C	I	P	I	E	N	T	S
T	B	O	S	S	E	B	O	U	T
I	C	R	A	N	E	B	U	N	I
P	Q	N	B	I	S	O	N	I	A
I	U	E	O	P	T	Y	V	Q	F
R	E	S	T	O	M	A	C	U	R
A	U	L	S	I	O	U	X	E	A
P	E	A	U	L	I	X	A	S	P

游戏37 第66页答案

游戏22（第46页）：答案：4号是属于骑士的服装

1.珍珠腰带：由珍珠编制而成，用于印第安人的重要节日。
2.医药袋：用于放置印第安人认为能够治愈疾病的物品及植物。
3.鹿皮鞋：由黄鹿皮制成。
5.婴儿带：印第安妈妈使用它来背孩子。

游戏23（47页）答案5

游戏26（52页）1–B； 2–F；3–E；4–G；5–D；6–A；7—C

游戏27（53页）答案A

游戏28（56–57页）答案

1.B 箭
2.D 弓
3.A 斧子
4.H 铅锤
5.E 矛
6.F 铁板斧
7.C 弩
8.G 匕首
9.J 狼牙链锤
10.L 长剑
11.K 剑

游戏29（58页）
游戏A：答案6
游戏B：答案B

游戏31（60页）答案O
它的眼睛朝上

游戏32（61页）答案G

游戏33（62页）1–a； 2–b； 3–a；4–c； 5–a； 6–a； 7–c； 8–b；9–c；10–a

游戏35（64页）答案C：此种植物为大黄
游戏36（65页）答案C

图书在版编目（CIP）数据

印第安人与骑士 /（法）伊丽莎白·费尔提创意制作；刘曦译.
—上海：上海科学技术文献出版社，2012.8
（趣味探索）
ISBN 978-7-5439-5474-8

Ⅰ.①印… Ⅱ.①伊… ②刘… Ⅲ.①智力游戏—儿童读物
Ⅳ.① G898.2

中国版本图书馆 CIP 数据核字（2012）第 147109 号

图字：09-2011-301

责任编辑：张 树 石 婧
封面设计：钱 祯

印第安人与骑士
创意制作 [法]伊丽莎白·费尔提 译 刘 曦
出版发行：上海科学技术文献出版社
地 址：上海市长乐路 746 号
邮政编码：200040
经 销：全国新华书店
印 刷：昆山市亭林印刷有限责任公司
开 本：889 × 1092 1/16
印 张：4.5
版 次：2014 年 6 月第 2 次印刷
书 号：ISBN 978-7-5439-5474-8
定 价：20.00 元
http://www.sstlp.com